I0399042

www.ingramcontent.com/pod-product-compliance
Lightning Source LLC
Chambersburg PA
CBHW030047100526
44590CB00011B/351
9781737020714

Learn Basic English
In Farsi Language

انگلیسی ابتدایی
را در زبان فارسی یاد بگیرید

داکتر داود ا. سحر

Dr. David E. Sahar
University of California, Davis

نشریه ابن سینا

Avicenna Publishing
a@sahar.net

باسمه تعالی

سپاسگزاری

Acknowledgement

Contributing Editors:

Rachel Hafiza Sahar	رشل حفیظه سحر
Nisar Ahmad Islammal	نثار احمد اسلام مل

Layout and Design:

Qiamuddin Sabawoon	قیام الدین سباوون

به یاد جاودانه برادرم انجنیر نجیب سحر، کسیکه عشق اش برای افغانستان بی آلایش، خالصانه، جاودانه و بی انتها بود.

In memory of late Engineer Najib Sahar, whose love for Afghanistan was genuine, unwavering and eternal.

فهرست درس ها

Table of Lessons

۱. الفبای انگلیسی در فارسی.. ۱

۲. تلفظ الفبای انگلیسی ۲

۳. نمرات انگلیسی ۳

٤. کلمات روزمره.. ٤

۵. جملات سلام و احترامات.. ٦

٦. ۷۵ کلمات زیاد استفاده شده در انگلیسی ۷

۷. خریداری ۹

۸. وقت اضطراری، ناگهانی و خطر.. ۱۰

۹. عبارات در محل کار ۱۱

۱۰. کلنیک داکتر ۱۳

۱۱. رستورانت ۱۵

۱۲. امیگریشن.. ۱٦

۱۳. یافتن راه ۱۷

Learn Basic English
In Persian Language

انگلیســـــــــی ابتدایی
را در زبان فارسی یاد بگیرید

الفبای انگلیسی در فارسی

English Alphabets

Capital Letter حروف بزرگ	Small Letter حروف کوچک	Dari Pronunciation تلفظ به دری	Capital Letter حروف بزرگ	Small Letter حروف کوچک	Dari Pronunciation تلفظ به دری
A	a	ای	N	n	ان
B	b	بی	O	o	او
C	c	سی	P	p	پی
D	d	دی	Q	q	کیو
E	e	ایی	R	r	آر
F	f	ایف	S	s	اس
G	g	جی	T	t	تی
H	h	ایچ	U	u	یو
I	i	آی	V	v	وی
J	j	جی	W	w	دبلیو
K	k	کی	X	x	ایکس
L	l	ال	Y	y	وای
M	m	ام	Z	z	زی

نویـــــسنده: داکتر داود ا. سحر
By: Dr. David E. Sahar

Learn Basic English
In Persian Language
انگلیـــــــسی ابتدایی
را در زبان فارسی یاد بگیرید

تلفظ الفبای انگلیسی

Alphabets' Pronunciation

A	آ	O	آ
B	ب	P	پ
C	ک / س	Q	ک
D	د	R	ر
E	ا	S	س
F	ف	T	ت
G	گ / ج	U	ا
H	ح	V	و
I	ا	W	و
J	ج	X	ز
K	ک	Y	ی
L	ل	Z	ز
M	م	Sh	ش
N	ن	Ch	چ

Learn Basic English
In Persian Language

انگلیســــــــی ابتدایی
را در زبان فارسی یاد بگیرید

نمرات انگلیسی

English Numbers

نمره Number	انگلیسی English	تلفظ Pronunciation	فارسی Persian
0	Zero	زیرو	٠
1	One	ون	١
2	Two	تو	٢
3	Three	تری	٣
4	Four	فور	۴
5	Five	فایف	۵
6	Six	سکس	٦
7	Seven	سون	٧
8	Eight	ایت	٨
9	Nine	ناین	٩
10	Ten	تن	١٠

نویســـنده: داکتر داود ا. سحر
By: Dr. David E. Sahar

Learn Basic English
In Persian Language
انگلیـــــــسی ابتدایی
را در زبان فارسی یاد بگیرید

کلمات روزمره

Daily Words

کلمه انگلیسی English Word	تلفظ Pronunciation	معنی Meaning
Hello	هیلو	سلام
Hi	های	سلام
Goodbye	گودبای	خدا حافظ
Thank you	تنک یو	تشکر
Yes	یس	بلی
No	نو	نی
Sorry	ساری	ببخشید
Who?	هو؟	کی؟
What?	وت؟	چی؟
Why?	وای؟	چرا؟
Where?	ویر؟	کجا؟

In Persian Language

را در زبان فارسی یاد بگیرید

کلمه انگلیسی English Word	تلفظ Pronunciation	معنی Meaning
How?	هاو؟	چطور؟
I	آی	من
Me	می	من
You	یو	تو / شما
He	هي	او (مرد)
She	شي	او (زن)
They	دی	آنها
Us	اس	ما
Good	گود	خوب
School	سکول	مکتب
Work	ورک	کار
Happy	هپی	خوش
Sad	سد	غمگین

Learn Basic English
In Persian Language
انگلیـــــــسی ابتدایی
را در زبان فارسی یاد بگیرید

جملات سلام و احترامات

Greetings

جمله انگلیسی English	تلفظ Pronunciation	معنی Meaning
How are you?	هاو آر یو؟	چطور هستید شما؟
I am well.	آی ام ول.	من خوب استم.
What is your name?	وت ایز یور نیم؟	نام شما چی است؟
My name is Laila?	مای نیم ایز لیلا.	نام من لیلا است.
Good to meet you.	گود تو میت یو.	خوش شدم از ملاقات شما.
Where are you from?	ویر آر یو فرام؟	شما از کجا استید؟
I am from Afghanistan.	آی ام فرام افغانستان.	من از افغانستان استم.
What do you do?	وت دو یو دو؟	شما چی کار مکینید؟
I am a baker.	آی ام ا بیکر.	من یک نانوا استم.
Where are you going?	ویر آر یو گوینگ؟	شما کجا میروید؟
I am going to school.	آی ام گوینگ تو اسکول.	من مکتب میروم.
I am going to work.	آی ام گوینگ تو ورک.	من کار میروم.
Good morning	گود مورنینگ	صبح بخیر
Good afternoon	گود افترنون	بعد از ظهر بخیر
Good evening	گود ایونینگ	شام بخیر
Good night	گود نایت	شب بخیر

نویـــسنده: داکتر داود ا. سحر
By: Dr. David E. Sahar

Learn Basic English
In Persian Language
انگلیـــــــسی ابتدایی
را در زبان فارسی یاد بگیرید

۷۵ کلمات زیاد استفاده شده در انگلیسی

75 Common English Words

کلمه انگلیسی Word	تلفظ Pronon.	معنی Meaning	کلمه Word	تلفظ Pronon.	معنی Meaning
the	ده	آن / این	not	نات	نی
be	بی	بودن	on	آن	روی
to	تو	به	with	وِت	با
of	آف	از	he	هی	او (مرد)
and	اند	و	as	از	با
a	ای	یک	you	یو	شما
in	ان	در	do	دو	کن
that	دت	آن	at	ات	در
have	هو (هف)	دارد	this	دس	این
I	آی	من	but	بت	مگر
it	اِت	آن	his	هیز	از او (مرد)
for	فار	برای	by	بای	توسط
from	فرام	از	up	اپ	بالا
they	دی	آنها	out	اوت	بیرون
we	وی	ما	if	اف	اگر
say	سی	بگو	about	اباوت	در باره
her	هر	از او (زن)	who	هو	کی

7

In Persian Language

را در زبان فارسی یاد بگیرید

کلمه انگلیسی Word	تلفظ Pronon.	معنی Meaning
she	شی	او (زن)
or	آر	و
an	ان	یک
will	وِل	تصمیم
my	مای	از من
one	ون	یک
all	آل	همه
would	وود	تصمیم
there	دیر	آنجا
their	دیر	ملکیت آنها
what	وت	چی
so	سو	چنان
know	نو	دانستن
take	تیک	گرفتن
person	پرسن	نفر / شخص
into	اینتو	داخل
year	اییر	سال
your	یور	از تو
good	گود	خوب
some	سم	بعضی
could	کود	توانستن

کلمه Word	تلفظ Pronon.	معنی Meaning
get	گت	گرفتن
which	ویچ	کدام
go	گو	رفتن
me	می	من
when	وِن	چی وقت
make	میک	ساختن
can	کن	توانستن
like	لایک	مثل
time	تایم	وقت
no	نو	نی
just	جست	فقط
him	هِم	او
them	دِم	آنها
see	سی	دیدن
other	ادر	دیگر
than	دِن	از
then	دِن	آن وقت
now	ناو	حالا
look	لوک	ببین
only	انلی	فقط

Learn Basic English
In Persian Language
انگلیـــــــــسی ابتدایی
را در زبان فارسی یاد بگیرید

خریداری

Shopping

جمله انگلیسی English	تلفظ Pronunciation	معنی Meaning
How much is this?	هاو مچ از دیس؟	قیمت این چند است؟
How much is this per kilo?	هاو مچ ایز دس پر کیلو؟	قیمتش فی کیلو چند است؟
Anything else?	انیتنگ ایلس؟	چیز دیگر؟
That's all, thank you.	دتس آل، تنکیو.	تمام است، تشکر.
Please	پلیز	لطفاً
Do you take credit card?	دو یو تیک کریدت کارد؟	کریدت کارد قبول میکنید؟
Where are the vegetables?	ویر آر ده ویجیتبلس؟	ترکاری (سبزیجات) کجا است؟
Where are the fruits?	ویر آر ده فروتس؟	میوه کجا است؟
Where is the bread?	ویر ایز ده برید؟	نان کجا است؟
Where is toothbrush?	ویر ایز توتبرش؟	برس دندان کجا است؟
Do you have beef?	دو یو هو (هف) بیف؟	گوشت گاو دارید؟
Is it halal?	ایز اِت حلال؟	این حلال است؟
Do you have fish	دو یو هو (هف) فیش؟	گوشت ماهی دارید؟
Do you have chicken?	دو یو هو (هف) چکن؟	گوشت مرغ دارید؟
Do you carry phone?	دو یو کیری فون؟	تلفون دارید؟

Learn Basic English
In Persian Language
انگلیـــــــسی ابتدایی
را در زبان فارسی یاد بگیرید

وقت اضطراری، ناگهانی و خطر

Emergency

جمله انگلیسی English	تلفظ Pronunciation	معنی Meaning
Help!	هیلپ!	کمک!
I am hurt.	آی ایم حرت.	من افگار شدم.
I have fever.	آی هو (هف) فیور.	من تب دارم.
I need help.	آی نید هیلپ.	من کمک ضرورت دارم.
Can you help me?	کن یو هیلپ می؟	آیا میتوانی مرا کمک کنی؟
I need to go to Hospital.	آی نید تو گو تو هاسپیتل.	من ضرورت دارم که شفاخانه بروم.
I need a doctor.	آی نید آ داکتر.	من به داکتر ضرورت دارم.
I broke my leg.	آی بروک مای لیگ.	من پایم را شکستاندم.
My child is lost.	مای چایلد از لاست.	طفلم گم شده.
My things were stolen.	مای تنگز ور ستولن.	چیز من دزدی شد.
My purse was stolen.	مای پرس واز ستولن.	دستکولم دزدی شد.
I was assaulted.	آی واز اسالتد.	کسی سر من حمله کرد.
I am lost.	آی ام لاست.	من راه را گم کردم.
I need to call the police.	آی نید تو کال ده پولیس.	من ضرورت دارم که پولیس را زنگ بزنم.
Can you please tell me where I am?	کن یو پلیز تل می ویر آی ام؟	لطفا برایم بگویید که کجا استم؟
Where is the toilet?	ویر از ده تویلت.	تشناب/دستشویی کجا است؟

In Persian Language

را در زبان فارسی یاد بگیرید

عبارات در محل کار

Work

جمله انگلیسی English	تلفظ Pronunciation	معنی Meaning
Hello?	هیلو	سلام
Are you hiring?	آر یو هایرنگ؟	شما کاریگر میخواهید؟
I need a job.	آی نید آ جاب.	من به کار ضرورت دارم.
May I have job application?	می آی هو (هف) آ جاب اپلکیشن؟	لطفاً فورمه کار را بدهید.
When is the interview?	وین ایز ده جاب انترویو؟	مصاحبه کار چی وقت است؟
I am a worker.	آی ایم آ ورکر.	من یک کاریگر هستم.
I am a teacher.	آی ایم آ تیچر.	من یک معلم هستم.
I am a cook.	آی ایم ای کوک.	من یک آشپز هستم.
I am a driver.	آی ایم آ درایور.	من یک راننده موتر هستم.
I am a house cleaner.	آی ایم آ هاوس کلینر.	من یک خانه سامان هستم.

In Persian Language

را در زبان فارسی یاد بگیرید

جمله انگلیسی English	تلفظ Pronunciation	معنی Meaning
I am an engineer.	آی ایم ان انجنیر.	من یک انجنیر هستم.
I am a doctor.	آی ایم آ داکتر.	من یک داکتر هستم.
I am hard working.	آی ایم هارد ورکنگ.	من پشتکار زیاد دارم.
I am honest.	آی ایم هانست.	من راستکار هستم.
I have a family.	آی هو (هف) آ فیمیلی.	من فامیل دارم.
I am sick today.	آی ایم سیک تو دی.	من امروز مریض هستم.
I am calling sick today.	آی ایم کالینگ سیک تو دی.	من زنگ زدم که مریض هستم.
I cannot come to work.	آی کنات کم تو ورک.	من نمیتوانم که به کار بیایم.
Which days am I off?	وچ دی ایم آی آف؟	من کدام روزها رخصت هستم؟
Am I working tomorrow?	ایم آی، ورکینگ تومارو؟	آیا من باید فردا کار کنم؟
I need a translator.	آی نید آ ترانسلیتر.	من به ترجمان ضرورت دارم.

In Persian Language
را در زبان فارسی یاد بگیرید

کلنیک داکتر

Doctor Clinic

جمله انگلیسی English	تلفظ Pronunciation	معنی Meaning
I would like an appointment.	آی وود لایک ان اپوینتمنت.	من وقت ملاقات (نوبت) میخواهم.
It is urgent.	ایت ایز ارجنت.	عاجل است.
Do you have Dari translator?	دو یو هو (هف) دری ترانسلیتر؟	ترجمان دری دارید؟
Do you have Farsi translator?	دو یو هو (هف) فارسی ترانسلیتر؟	ترجمان فارسی دارید؟
I have health insurance.	آی هو (هف) هیلت انشورینس.	بیمه صحی دارم.
I do not have health insurance.	آی دو نات هاو هیلت انشورینس.	بیمه صحی ندارم.
Where does it hurt?	ویر دز ایت حرت؟	کجا درد میکند؟
It hurts here.	ات هرتس هیر.	اینجا درد میکند.
I am sick.	آی ایم سیک.	من مریض هستم.

Learn Basic English
In Persian Language

انگلیســــــی ابتدایی
را در زبان فارسی یاد بگیرید

English	Pronunciation	Meaning
جمله انگلیسی	تلفظ	معنی
I have pain.	آی هو (هف) پین.	من درد دارم.
I have fever.	آی هو (هف) فیور.	من تب دارم.
I am fatigued.	آی ایم فتیگد.	من خسته هستم.
I cannot sleep.	آی کن نات سلیپ.	من نمی توانم بخوابم.
My joints are aching.	مای جواینتس آر ایکینگ.	مفاصلم درد میکند.
I have a lump.	آی هو (هف) آ لمپ.	من یک پندیدگی/غده دارم.
I am congested.	آی ایم کانجستید.	من سرما (ریزش) هستم.
I need medication.	آی نید مدیکیشن.	من نیاز به دوا (دارو) دارم.
I think I am pregnant.	آی تینک آی ایم پریگننت.	من فکر کنم بار (حامله) دارم.
I am allergic to a medication.	آی ام الرجک تو ای مدیکیشن.	من با یک دارو (دوا) حساسیت دارم.
I need doctors note for work.	آی نید داکترز نوت فور ورک.	بخاطر کار به نسخه داکتر ضرورت دارم.

نویســـنده: داکتر داود ا. سحر
By: Dr. David E. Sahar

Learn Basic English
In Persian Language
انگلیـــــــسی ابتدایی
را در زبان فارسی یاد بگیرید

رستورانت

Restaurant

English جمله انگلیسی	Pronunciation تلفظ	Meaning معنی
I would like to make a reservation.	آی ود لآیک تو میک آ ریزرویشن.	من می خواهم رزرو (پیشگرفت میز) کنم.
Please give me a menu?	پلیس گیو می آ مینیو.	(فهرست خوراک) لطفا مینو به من بدهید؟
Do you have child menu?	دو یو هو (هف) چایلد مینیو؟	مینو اطفال دارید؟
Is this Halal?	ایز دیس حلال؟	آیا این حلال است؟
I would like to order this.	آی ود لایک تو آردر دیس.	من میخواهم این را سفارش بدهم.
Do you have beef?	دو یو هو (هف) بیف؟	گوشت گاو دارید؟
Do you have chicken?	دو یو هو (هف) چکن؟	مرغ دارید؟
I would like water.	آی ود لایک واتر.	من آب می خواهم.
I would like CocaCola.	آی ود لایک کوکاکولا.	من کوکاکولا می خواهم.
I would like Tea.	آی ود لایک تی.	من چای می خواهم.
I would like Coffee.	آی ود لایک کافی.	من قهوه (کافی) می خواهم.
I pay with Visa credit card.	آی پی ویت ویزه کریدت کارد.	من با کریدت کارت ویزا پرداخت می کنم.
I pay cash.	آی پی کش.	من نقدی (پول) پرداخت می کنم.
I would like to have the check.	آی ود لایک تو هو (هف) ده چک.	من می خواهم رسید را داشته باشم.

Learn Basic English
In Persian Language
انگلیـــــــسی ابتدایی
را در زبان فارسی یاد بگیرید

امیگریشن

Immigration

جمله انگلیسی English	تلفظ Pronunciation	معنی Meaning
I am a refugee.	آی ایم آ ریفیوجی.	من یک پناهنده هستم.
I am traveling for work.	آی ام تراولینگ فور ورک.	من برای کار سفر می کنم.
I am live in California.	آی لیو این کالیفرنیا.	من در کالیفرنیا زندگی می کنم.
I leave in one week.	آی لیف این ون ویک.	من یک هفته دیگه میرم.
I am seeking asylum.	آی ایم سیکینگ اسایلم.	من به دنبال پناهندگی هستم.
I need an attorney.	آی نید ان اتورنی.	من به یک وکیل نیاز دارم.
My life is in danger in Afghanistan.	مای لاف از ان دینجر ان افغانستان.	جان من در افغانستان در خطر است.
I have children.	آی هو (هف) چلدرن.	من اولاد (اطفال) دارم.
I have family in America.	آی هاو فامیلی ان امیریکا.	من در آمریکا خانواده دارم.
I have friends in America.	آی هو (هف) فرندس ان امیریکا.	من دوستانی در آمریکا دارم.
I can work in American.	آی کن ورک ان امیریکا.	من می توانم در آمریکا کار کنم.
I have immigration documents.	آی هو (هف) امیگریشن داکیومنتس.	من اسناد مهاجرت دارم.
I have passport.	آی هو (هف) پاسپورت.	من پاسپورت دارم.
I have visa.	آی هو (هف) ویزا.	من ویزه دارم.
I need help.	آی نید هیلپ.	من به کمک ضرورت دارم.

نویـــسنده: داکتر داود ا. سحر
By: Dr. David E. Sahar

In Persian Language
را در زبان فارسی یاد بگیرید

یافتن راه

Directions

جمله انگلیسی English	تلفظ Pronunciation	معنی Meaning
Excuse me ...	اکسکیوز می...	ببخشید ...
Can you help me with direction?	کن یو هیلپ می ویت دایرکشن؟	آیا می توانید در یافتن راه مرا کمک کنید؟
Where is gas station?	ویر ایز گاس ستیشن؟	تانک تیل کجاست؟
Where is the Bank?	ویر ایز ده بینک؟	بانک کجاست؟
Where is the restaurant?	ویر از ده ریستورانت؟	رستورانت کجاست؟
Where is the bathroom?	ویر از ده بات روم؟	دستشویی (تشناب) کجاست؟
How far am I from city?	هاو فار ایم آی فرام ستی؟	چقدر با شهر فاصله دارم؟
May I ask a question?	می آی اسک ای کوسشن؟	می توانم یک سؤال بپرسم؟